AF337845

SUPPLIQUE

DES DEUX PREMIERS

ETATS DE BRABANT

A LA

CONVENTION NATIONALE

DE FRANCE.

Du 16 Novembre 1792.

Traduite du Flamand.

1792.

SUPPLIQUE

Des deux premiers Etats de Brabant à la convention Nationale de France du 16 Novembre 1792. Traduite du Flamand.

Remontrent très-humblement. 1°. Les Révérends abbés de *Vlierbeeck*, de *Villers*, de St. *Bernard*, de St. *Michel*, de *Grimberghen*, de *Parq*, d'*Heiliffem*, d'*Everbode*, de *Tongerloo*, de *Dilighem*, & de Ste. *Gertrude*, joints à eux S. E. le Cardinal Archevêque de Malines, en qualité d'Abbé d'*Afflighem*, & le Révérendiffime Evêque d'Anvers, en qualité d'Abbé double de St. *Bernard*, formant, exclusivement, entre eux feuls, le premier Etat, ou autrement dit, l'Etat Eccléfiaftique de Brabant. 2°. Le Révérend Abbé de *Gembloux*, en qualité de Comte de Gembloux, joint à lui environ un quarteron de Nobles *à quartiers*, formant entre eux feuls, le fecond Etat, ou autrement dit, l'Etat *noble* de *Brabant*;

Que le 3ᵐᵉ. Etat, vulgairement dit le *Tiers-Etat*, eft compofé, en Brabant, 1°. des Magiftratures des villes de *Louvain*, de *Bruxelles* & d'*Anvers*, dont les membres (du moins dans les deux premieres villes) font toujours pris dans certaines familles privilégiées, auxquelles on donne, par excellence, le nom de *Lignages*: & 2°. des artifans & marchands en détail des mêmes trois villes , à l'exclusion de tous les propriétaires , lettrés, cultivateurs & Négociants de la Province, qui n'ont pas le bonheur d'habiter l'une ou l'autre des trois villes fufdites, & d'y appartenir à quelqu'une defdittes familles privilégiées, ou d'y être inf- crits dans quelques corps de métier.

Que quoique la compofition de ces trois Etats préfente , au premier coup d'œil, une ariftocratie affez bizarrement organifée ; quoi- que les deux premiers d'entre eux , comme ayant toujours eu befoin du Gouvernement Autrichien, pour fe maintenir en honneur & en crédit, n'ayent jamais ofé s'oppofer à fes entreprifes ; quoique pour fe mettre en garde contre les oppofitions du Tiers-Etat, ce même Gouvernement ait fait émaner des édits , qui en interdifant aux *doyens des métiers*, c'eft-à- dire à la partie la plus récalcitrante de cet Etat, toute autre maniere d'exprimer leur vœu, que par la fimple expreffion d'un *oui* ou d'un *non* ; & qu'en conféquence, ces Doyens ne reffemblaffent pas mal aux pagodes à têtes branlantes, que l'on plaçoit jadis fur les che- minées , & auxquelles on faifoit faire le figne repréfentatif d'un *oui* ou d'un *non* au gré de la main qui leur donnoit l'impulfion : & quoi- qu'enfin le Confeil de Brabant, qui par état, auroit auffi dû former un Boulevard contre les ufurpations du Gouvernement, n'ait jamais été comme vos ci-devant parlements, que le rival, & non l'ennemi du defpotifme.

(5)

Il est cependant, qu'au moyen de l'attache-
ment opiniâtre que conserve le Tiers-Etat
pour ses anciens usages, tels qu'ils soient, &
de l'esprit public, qui à cet égard, se main-
tient & s'alimente dans les cabarets, séjour
ordinaire des Doyens; le Gouvernement avoit
été passablement tenu en bride, jusqu'au mi-
nistere du fameux Comte de Cobenzl, gé-
nie aussi insinuant qu'impérieux, & qui en in-
timidant les remontrans, & en gagnant ou
en faisant acheter le vœu du Tiers, avoit tel-
lement accoutumé la nation aux coups d'autorité, que lorsque l'entreprennant Joseph fut
assis sur le trône, il crut que la poire étoit
mûre, & que le Brabant étoit déjà assez fa-
çonné au joug de la servitude, pour qu'il pût
y établir enfin par des loix positives, un Gouvernement arbitraire, qui, depuis long-tems,
y existoit déjà par le fait : mais ce Prince mal
adroit ayant eu l'imprudence de diriger ses
premiers coups contre le clergé : de supprimer
la députation lucrative des Etats : d'humilier
l'autorité & réduire à un gage fixe les scan-
daleuses épices du Conseil de Brabant : & de
mettre enfin tout son despotisme à découvert,
dans l'absurde & révoltant édit des intendan-
ces, les remontrans & leur Tiers-Etat mettant
habilement à profit l'horreur & la fermenta-
tion que fit naître, dans toutes les provinces,
cet impolitique & tyrannique édit, ils parvin-
rent, en 1787, à susciter une insurrection si
générale & si dangereuse, (vu le peu de troupes qu'il y avoit dans le pays) que l'altier

Jofeph fe crut obligé d'y oppofer un calmant qu'il fit adminiftrer le 21 Septembre de la même année par fon repréfentant provifoire, le Comte de Murray : cependant comme ce lénitif n'étoit pas propre à raffurer le clergé, contre lequel, par une feconde mal-adreffe plus incroiable encore que la premiere, il fe réfervoit ouvertement la faculté de continuer fes vexations impies, les premiers remontrans, à l'aide de leur milice encapuchonnée & non-encapuchonnée, remuerent fi efficacement les confciences, qu'avec le fecours inattendu des fottifes & des fautes fans nombre que commirent le Miniftre Trauttmanfdorf, & fon co-defpote le Général d'Alton, ils réuffirent enfin, en 1789, à faire déguerpir les Autrichiens de la Belgique, fans que l'on fache néanmoins précifément encore aujourd'hui, quel fut le Saint ou la Sainte qui leur infpira la terreur panique à laquelle on fut alors redevable de leur incroyable difparition. Quoiqu'il en foit : les premiers remontrans fe trouvant ainfi miraculeufement débaraffés de leur cruel & implacable ennemi Jofeph II, ils s'occuperent, fans perdre de tems, du foin de fe mettre fur la téte la couronne Ducale qu'ils venoient de faire enlever au moribond Empereur ; & afin de rendre tout le monde content, ils confentirent à partager l'éclat du diadême, non-feulement avec les feconds remontrans, mais auffi avec les têtes branlantes du Tiers Etat, à condition néanmoins, que, quant à celles-ci, elles s'en tiendroient au rôle qui leur étoit affigné par les anciens édits, fauf feulement que quelques-uns de leurs chefs (nommés *Syndics*) auroient part aux fecrets du Gouvernement, fous ferment néanmoins de n'en rien communiquer à leurs commettans.

Il eft vrai, & il faut l'avouer, que le nouveau régime qu'établiffoient les remontrans, & auquel le Confeil de Brabant avoit patriotiquement donné fon adhéfion, fous la promeffe qu'on lui fit de lui rendre fes anciennes prééminences & prérogatives ; il eft vrai, dit-on, que rigoureufement parlant, ce nouveau régime étoit un peu plus defpotique que le régime Autrichien , puifqu'à l'exception des corporations Ariftocratiques qui compofoient les Tiers-Etats de Brabant , le refte de la nation Brabançonne fe trouvoit alors auffi completement efclave que les fujets du grand Seigneur ou du grand Mogol ; vu que n'ayant aucune efpece d'influence quelconque dans la formation des loix, dans la conceffion des fubfides, ni dans aucune autre affaire qui concernât l'adminiftration de la chofe publique ; & que n'ayant plus d'autres repréfentans que ceux-là feuls, qui eux-mêmes exercoient fur lui tous les droits de la Souveraineté, il ne lui reftoit aucun Boulevard contre les entreprifes de leurs Souverains, tandis que fous le régime Autrichien, tout abfolu, tout tyrannique qu'il fut, le Prince & fon Gouvernement veilloient conftament du moins, à ce que la partie de la Nation, qui étoit fans influence dans la chofe publique, ne fût vexée ni opprimée par les nobles ni par le clergé.

(8)

Il eſt vrai encore, & il faut l'avouer également, qu'un aſſez grand nombre d'eſprits rémuants & ſoi diſant clairvoyants, voulurent s'oppoſer à la *nouvelle* Conſtitution, à la *nouvelle* Souveraineté, que les remontrans venoient d'établir : & qu'ils travailloient à ouvrir les yeux de la multitude, ſur les funeſtes atteintes, diſoient-ils, que ce nouveau régime alloit porter à leur liberté. Les eſprits dangereux prétendirent, que la Souveraineté étant néceſſairement retournée à la Nation entiere, par la deſtruction de l'ancienne conſtitution monarchique à laquelle elle étoit ſoumiſe depuis tous les tems connus ; c'étoit à cette Nation ſeule & duement aſſemblée qu'appartenoit excluſivement le droit de ſe choiſir elle-même telle forme de Gouvernement qu'elle trouveroit la plus convenable : mais les remontrans, quoique convaincus de la vérité de ce principe, ayant prudemment réfléchi, que la nation Brabançonne n'étoit pas encore aſſez éclaircie, aſſez mûre pour la liberté, ils ſe hâterent de faire avertir le peuple par les prédicateurs & les confeſſeurs, que ces prétendus eſprits clairvoyants étoient des *novateurs* dangereux, qui vouloient anéantir la *Religion & l'ancienne Conſtitution*, & que l'on ſeroit rôti en enfer juſqu'à la 3me. génération incluſivement, ſi on les écoutoit ; pour parvenir même à les rendre d'autant plus ſûrement odieux, les remontrans prirent la ſage précaution de faire inſinuer, que ces eſprits novateurs, auxquels ils donnerent le nom de *Vonckiſtes*, n'étoient

autre chofe que des Royaliftes déguifés , qui
entretenoient des intelligences avec l'exécra-
ble maifon d'Autriche & qui vouloient lui rendre le Sceptre dont les remontrans s'étoient
emparés : cependant comme ces efprits remuants objecterent à leur tour , qu'il étoit de
la plus infigne mauvaife foi de les accufer de
royalifme, puifqu'il étoit notoire & manifefte
au contraire que c'étoit eux qui avoient réel-
lement exécuté la révolution , & qu'ils ajou-
terent à cela ; que ce n'étoit pas eux , mais
les états feuls , qui étoient de vrais *novateurs*
& de vrais *impies* , puifqu'ils vouloient ufurper
une Souveraineté qui ne leur appartenoit pas,
& qu'ils ofoient fe fervir du voile de la religion pour couvrir & colorer leur ufurpation :
les remontrans ne trouvant rien de fpécieux
qui put répondre à ces argumens , mais toujours intimement & religieufement convaincus
néanmoins , que la liberté feroit une arme per-
nicieufe entre les mains d'une nation auffi peu
éclairée , ils fe fervirent alors (pour la plus
grande gloire de Dieu & pour le falut de la
chofe publique) des moyens efficaces qui fe
trouvent merveilleufement développés dans les
œuvres du grand Machiavel & autres profonds
politiques , & à l'exemple des cours de La
Haye & de Berlin , leur foi-difant alliées , ils
fe virent forcés de recourir à la voye du pillage , des emprifonnements & de quelques pe-
tits maffacres innocents , pour fe maintenir fur
un trône dont ils ne s'étoient cependant emparés ; que pour le bonheur même de ces mal-

heureux que leur imprudente obftination & les interêts de la fainte religion les obligeoient à perfécuter.

Ce moyen leur ayant complettement réuffi, ils regnerent paifiblement alors jufqu'à ce qu'ayant été abandohnés à *Reichenbach*, par leurs bons alliés les Hollandois & les Pruffiens, auxquels leur *VanEupen*, leur *Vandernoot* & leur *Schoenfeldt* les vendoient à beaux deniers comptans, cinq huzards Autrichiens vinrent impunément reprendre poffeffion, le 2 Décembre 1790, de cette même ville de Bruxelles, que le délirant d'Alton n'avoit ofé tenter de conferver en 1789, avec fept mille hommes des meilleurs troupes de l'Europe.

Le Gouvernement Antrichien s'étant ainfi réemparé, fans coup férir, du duché de Brabant, & bientôt après de toutes les autres provinces Belgiques, le tout au grand préjudice, & au grand défagrément des remontrans, qui fe trouvoient détrônés après un regne de près de douze mois, & qui après avoir bu dans la couppe enivrante du pouvoir fuprême, ne pouvoient fûrement pas renoncer auffi gaiment qu'on pourroit le croire, aux douceurs de la fouveraineté; ils jetterent alors les yeux fur la France, dont les cabinets de la Haye & de Berlin leur avoient interdit les fecours en 1789 & 1790, dans la crainte que le fyftême d'égalité qui commercoit à s'y établir ne fe communiquât aux Belges & ne gagnât de là en Hollande, au grand détriment de l'autorité du Stadthouder & de celle de l'Ariftocratie des Etats Gé-

néraux, qui s'étoient déjà trouvés obligés eux-
mêmes, en 1785, comme les remontrans le
furent en 1790, d'emploier le pillage & les
profcriptions, pour extirper chez eux la fievre
démocratique qui commencoit à y faire des
progrès allarmants.

Cependant, comme les remontrans n'ont
enfin pris le parti d'implorer le fecours des
Français, contre le defpotifme incurable de la
maifon d'Autriche, que parce que la France
ayant formellement promis de laiffer aux peu-
ples qu'elle délivreroit de leurs tyrans, la liberté
de fe choifir eux-mêmes telle efpèce de gouvernement qui leur plairoit le mieux ; ils ne
doutoient nullement qu'en conformité du vœu
que continuoient à manifefter leurs nombreux
partifans, ils ne remontaffent, au moment même
de la nouvelle expulfion des Autrichiens, fur
le trône, d'où ceux-ci les avoient chaffés en
1790 : qu'il leur reftoit d'ailleurs d'autant
moins de doute à cet égard, qu'ils avoient
eu la fage prévoyance de faire émigrer & de
folder le plus qu'il leur avait été poffible de
leurs affidés, pour aller former, dans les troupes Françaifes, fous le nom de *Béthunifie*, le
noyau d'une armée nationale qui, à fon ar-
rivée dans le Brabant, les remettroit inceffa-
ment & les maintiendroit vigoureufement fur
leur fiege royal; ils ne peuvent vous diffimuler,
ô repréfentans de la nation Françaife, que
c'eft avec la plus grande furprife, & au grand
fcandale & mécontentement des pieux adora-
teurs de leur ci-devant règne, qu'ils s'apper-

çoivent aujourd'hui, qu'après vous avoir aidé,
par le fecours de leurs fidèles Béthuniftes, à
chaffer les Autrichiens de leur province ; ils
font compris, d'après le fiftême manifefté par
vos généraux, dans le nombre des defpotes
ou ariftocrates dont vous voulez purger la
terre, & prêts à être repouffés en conféquence,
d'une fouveraineté, qui, enfuite d'une poffeffion
de près de douze mois, & du fuffrage des
plus dévots habitans du pays, leur eft fi lé-
gitimement dévolue.

Prenez-y garde cependant, ô fages repréfentans : les remonftrans ne peuvent trop vous
le répéter. La nation Belge n'eft encore ni
affez mûre, ni affez éclairée, pour apprécier
les avantages de votre plan de liberté & d'é-
galité, ni pour concevoir l'idée d'un bon &
fage gouvernement républicain. Ces gens-là
fe battroient-ils pour avoir leurs états pour
maîtres, s'ils avoient affez d'intelligence dans
l'efprit, & affez d'élévation dans l'âme pour
concevoir qu'ils devroient bien plutôt ambi-
tionner d'être nos *égaux* que nos *fujets*, nos
freres que nos *efclaves* ? Il eft vrai qu'outre les
Vonckiftes ou *Démocrates*, il fe trouve en Brabant, un grand nombre de gens aifés, à qui
votre fiftéme plaira peut-être plus que celui
de l'ariftocratie des états: mais outre que ceux
d'entre les *Vonckiftes* qui font les plus remuants
font peu nombreux, & que quant aux gens
aifés, ils ne difent mot, parce que dans les
révolutions ces gens-là font réguliérement
muets ; il eft important que vous obferviez en

outre, que c'eſt dans les cabarets que ſe trouve véritablement la nation Brabançonne, c'eſt-à-dire, cette partie de la nation qui eſt vraiment animée d'un eſprit public. Or ces cabarets étant preſque tous pour les états, & dominant ou dirigeant toujours à leur gré cette autre partie de la nation qu'on nomme populace, & qui eſt très-dangereuſe, dans tous les pays du monde; ſi vous joignez à ces deux parties de la nation cette autre encore, à qui l'on a ſoin de prêcher tous les jours; que la religion eſt anéantie, ſi tous les hommes ſont égaux; (quoiqu'à 'dire vrai, rien n'enſeigne plus l'égalité que la religion.) Vous ſentirez, ô repréſentans, combien il ſeroit imprudent pour la France, qui n'a, après tout, qu'une armée de ſix à huit cents mille hommes, de lutter contre les cabarets & les prédicateus de la Belge, qui au beſoin, ſe réuniront même à la Pruſſe & à la maiſon d'Autriche, plutôt que de devenir les freres & les égaux des membres auguſtes qui compoſent leurs chers & précieux états, leur bonne & bienfaiſante ariſtocratie.

D'après ces hautes & importantes conſidérations, les remontrans prennent, avec confiance, leur recours vers vous, ô repréſentans de la nation Françaiſe.

Vous ſuppliant, tant pour votre bonheur que pour le leur & celui de leurs *partiſans*, de conſentir à ce qu'on rétabliſſe en Brabant, ce que ces derniers appellent leur *ancienne conſtitution*, c'eſt à dire, la conſtitution qui a eu lieu chez eux pendant la longue ſuite des ſiecles qui ſe ſont écoulés depuis le 29 décembre

(14)

1789, jufqu'au deux décembre de l'année fui-
vante 1790. Et en conféquence d'ordonner à vos
généraux de réinftaller promptement les fupplians fur le trône ariftocratique qu'ils ont fi
glorieufement occupé pendant ce long règne
de près de douze mois ; avec défenfe & in-
terdiction à tous & chacun , de les troubler
ou molefter directement ni indirectement dans
le libre exercice de leur fouveraineté, fous
peine d'encourir votre indignation & celle des
fupplians.

Le tout , du moins , & fubfidiairement, fous
l'offre que font les fuppliants , de n'exercer jamais leur Souveraineté qu'au nom de la nation Brabançonne , & en fa fimple qualité de
fes *repréfentans-nés* ; & même de lui remettre
un jour cette fouveraineté , pour en difpofer
comme elle le trouvera convenable , fi , par
exemple , dans 50 ou 60 ans , & à l'aide des
lumieres que lui communiquera entre tems votre voifinage , elle fe trouve affez éclairée
pour fentir enfin le prix de la *liberté* & de
l'*égalité*.

Promettant même au furplus , les Supplians , quoiqu'à regret , mais en bons chré-
tiens , de ne vexer , faire , ni laiffer vexer ,
en ce cas , que ceux du parti contraire , qui
par une opiniâtreté auffi impie que fédi-
tieufe , fe refuferoient à jurer (en étant re-
quis) d'acquiefcer & de fe foumettre à leur
fouveraineté , jufqu'à ce que vous en ayez
autrement difpofé.

CE FAISANT , &c.

Copie d'un projet de premiere Apoſtille.

Vu, &c. la Convention Nationale renvoie la préſente à l'avis de ſon Comité d'inſtruction, pour y rendre ſon avis dans les vingt-quatre heures. Paris, le 19 Nov. 1792, l'an premier de la Raiſon & du bon Sens en Brabant.

Copie d'un projet de ſeconde Apoſtille.

Vu l'avis ; la Convention Nationale ordonne à ſes Génĕraux en Brabant de faire colloquer les Supplians aux petites - maiſons de Bruxelles, juſqu'à récipiſcence. Paris, le 26 Nov. 1792, l'an premier de la Raiſon & du bon Sens en Brabant.